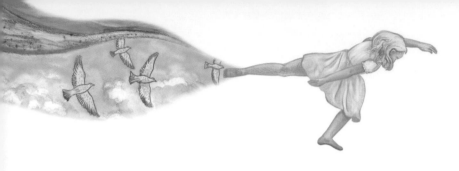

國家圖書館出版品預行編目資料

鄧肯 / 李民安著;張天笙繪.－－初版一刷.－－臺
北市: 三民, 2016
面;　公分－－(兒童文學叢書/創意MAKER)

ISBN 978－957－14－6157－1　　(精裝)

1.鄧肯(Duncan, Isadora, 1877－1927) 2.傳記 3.通
俗作品 4.美國

781.08　　　　　　　　　　　　　　105009262

© 鄧　肯

著 作 人	李民安
繪　　者	張天笙
主　　編	張燕風
企劃編輯	郭心蘭
責任編輯	葉嘉蓉
美術設計	蔡季吟
發 行 人	劉振強
著作財產權人	三民書局股份有限公司
發 行 所	三民書局股份有限公司
	地址　臺北市復興北路386號
	電話　(02)25006600
	郵撥帳號　0009998-5
門 市 部	(復北店)臺北市復興北路386號
	(重南店)臺北市重慶南路一段61號
出版日期	初版一刷　2016年7月
編　　號	S 857941

行政院新聞局登記證局版臺業字第○二○○號

有著作權·不准侵害

ISBN　978-957-14-6157-1　　(精裝)

http://www.sanmin.com.tw　三民網路書店

創意
MAKER

鄧 肯 ISADORA DUNCAN

赤足的舞蹈精靈

李民安 / 著　張天笙 / 繪

三民書局

主編的話　　　　抬頭見雲

　　隨著「近代領航人物」系列廣獲好評，並獲得出版獎項的肯定，三民書局的出版團隊也更有信心繼續推出更多優良兒童讀物。

　　只是接下來該選什麼作為新系列的主題呢？我和編輯們一起熱議。大家思考間，偶然抬起頭，見到窗外正飄過朵朵白雲。

　　有人興奮的說：「快看！大畫家畢卡索一手拿調色盤，一手拿畫筆，正在彩繪奇妙的雲朵！」

　　是呀！再看那波浪一般的雲層上，建築大師高第還在搭建他的尖塔！

　　左上角，艾雪先生舞動著他的魔幻畫筆，捕捉宇宙的無限大，看見了嗎？

　　嘿！盛田昭夫在雲層中找到了他最喜愛的 CD，正把它放入他的隨身聽……

　　閃亮的原子小金剛在手塚治虫大筆一揮下，從雲霄中破衝而出！

　　在雲端，樂高積木堆砌的太空梭，想飛上月球。

　　麥克沃特兄弟正在測量哪一朵雲飄速最快，能夠成為金氏世界紀錄。

　　……

　　有了，新的叢書就鎖定在「創意人物」這個主題上吧！

　　大家同聲附和：「對，創意實在太重要了！我們應該要用淺顯的文字、豐富的圖畫，來為小讀者們說創意人物的故事。」

　　現代生活中，每天我們都會聽見、看見和接觸到「創意」這兩個字。但是，「創意」到底是什麼？有人說，「創意」就是好點子。但好點子是如何形成的？又是在什麼樣的環境助長下，才能將好點子付諸實現，推動人類不斷向前邁進？

　　編輯團隊為此挑選了二十個有啟發性的故事，希望解答上述的問題，並鼓勵小讀者們能像書中人物一般對事物有好奇心，懂得問「為什麼」，常常想「假如說」，努力試「怎麼做」。讓想像力充分發揮，讓好點子源源不絕。老師、家長和社會大眾也可以藉此叢書，思索、探討在什麼樣的養成教育和生長環境裡，才能有效的導引兒童走向創意之路？

　　雲屬於大自然，它千變萬化，自古便帶給人們無窮想像；雲屬於艾雪、盛田昭夫、高第、畢卡索……這些有突出想法的人，雲能不斷激發他們的創意；雲也屬於作者、插畫家和編輯團隊，在合作的過程中，大家都曾經共享它的啟發。

　　現在，雲也屬於本書的讀者。在看完這本書以後，若有任何想法或好點子願意與大家分享，歡迎寄到編輯部的信箱 sanmin6f@sanmin.com.tw。讀者的鼓勵與建議，永遠是編輯團隊持續努力、成長的最大動力。

張燕風　2015 年春寫於加州

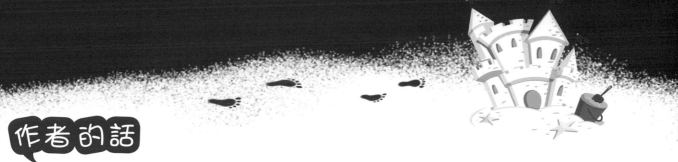

作者的話

　　小時候很羨慕那些會彈鋼琴和跳舞的同學。我從來不曾要求過父母讓我去學鋼琴，因為像我們這樣只靠父親一份微薄薪水的五口之家，是不可能有財力來讓我培養這種奢侈的才藝。至於跳舞嘛，我雖然也很有興趣，而且自認節奏感敏銳、身手矯健，應該很具備學舞的條件，但我很有自知之明，自己從小就很不「合群」的身高，和一群身高很平均的女孩子一起置身舞臺，將會非常「破壞畫面」，所以對於跳舞，我只能停留在「心嚮往之」的階段，而沒有親身體驗的機會。

　　人家都說，做父母的常會把自己沒有實現的夢想，或者沒有達到的目標，加到孩子的身上。就這一點反省起來，我非常「有意」做過的，就是送女兒去學跳舞。

　　記得四五歲的女兒，準備第一次的表演，我帶她去買舞鞋，訂做舞衣。看著她穿上黃色的芭蕾舞蓬蓬裙、白色的褲襪，心裡興奮得，就好像自己要上臺一樣。

　　等到看了伊莎朵拉・鄧肯的傳記之後，才發現，原來跳舞並不一定是要人教的，鄧肯就是一個天生的舞者。

　　把對自然的感受，和內心的感情起伏，忠實的用文字記錄下來，我們稱作「文學」；用音符和節奏表現的，叫做「音樂」；如果以肢體動作展現出來的，就是「舞蹈」。

　　興奮的時候，我們想要藉著揮動的臂膀，和伸展跳躍的雙腳，來發洩激動的情緒；害怕的時候，自然會捲曲身體，雙手抱胸，尋求一種被保護的感覺；激動的時候，動作加快；憂傷的時候，動作緩慢。把這些自然的肢體動作，連接組合起來，就構成了舞蹈的形式。

　　我們欣賞舞蹈表演的時候，會發現不是所有的舞蹈都「好看」。其中的關鍵，就是舞蹈所表達的文化美感，和情感內涵，是不是能引起觀眾的共鳴。如果能，當然覺得好看；如果不能，就會有「不知道在跳什麼」的困惑了。

　　鄧肯生在以芭蕾舞為主流的時代，但她覺得那種踮起腳尖走路、穿著緊身短裙的舞蹈形式，和人們真實的生活，與表達情感的方式差距不但大，而且也很不自然，所以她堅持要走一條從沒有人走過的路，就算被人笑，被脅窮逼迫，都不放棄。最後終於開創出「現代舞」的新天地。

　　下一次，當你開心的時候，聽一首快樂的音樂，跟隨內心的感覺，轉動身體，伸展四肢，手舞足蹈一番。我敢說，你也可以和鄧肯一樣跳出自己的舞蹈。

童稚的舞步

　　馬上就要七歲的她，用手拂了一下額前的瀏海。神采奕奕的藍眼睛，定定的順著舉高的右手，望向遙指的天空，左手彎起折在背後，纖細的腰扭了四十五度，雙腿半蹲，一前一後交錯站著。左腳著地，右腳弓著，感覺就要躍起來了。

　　在這個女孩四周，圍了一圈人，這裡是美國舊金山中國城的一個街角。在一家賣手工藝品的小店櫥窗裡，陳列了大大小小的中國結、巧妙的剪紙、精細的竹雕，以及傳統的刺繡等等。

有很多一輩子沒有機會飄洋過海，但是又對遙遠中國心生嚮往的美國人，都很喜歡來到這裡尋找一點神祕的異國情調。

老闆娘是一個四十來歲的中年婦人。在這個炎熱的午後，她沒法不注意到一張俏麗可愛的小臉蛋。因為一連好幾天，她都會出現在櫥窗外，目不轉睛的盯著一幅繡了九條鯉魚的〈九如圖〉。

到了打烊的時候，老闆娘準備要鎖門了，發現這個女孩子居然還站在窗外。

「小妹妹，看得出來妳很喜歡這幅刺繡，買回去慢慢看吧。」

「可是我沒有錢。」

「我可以賣便宜一點給妳。」

「不了，我不可能有錢買這樣的東西。就算有錢，也要留給媽媽買菜。」

老闆娘笑說：「妳真是個貼心的孩子，今年幾歲了？」

「下個月就七歲了。」

老闆娘憐愛的說：「那麼，阿姨送給妳當生日禮物好了。」

「不。」小姑娘堅決的說：「我從來不白拿別人的東西。」

「那……。」老闆娘沒想到碰上一個這麼倔強的女孩。

「不過，我會跳舞，我來給您表演一段舞蹈吧。」

於是，就有了故事開始的那一幕。

舞蹈結束，圍觀的人都情不自禁的鼓起掌來。她跳得多好啊，就像是一尾生機勃勃的魚，一會兒躍出水面翻騰；一會兒潛入水底優游。加上漂亮臉龐上動人的表情和微笑，毫無困難的把觀眾帶入她感受到的水中世界。

人群中有人大聲的問：「小妹妹，妳跳得真好，妳叫什麼名字？」

小女孩害羞的低下頭，開心的拿著她用舞蹈交換來的中國刺繡，朗聲回答：「我的名字是伊莎朵拉・鄧肯，請叫我小鄧肯。」

舞出自己的天空

「來，跟我把手慢慢的舉起來，先左手，再右手。」瑪麗從廚房出來，只見小鄧肯正領著左鄰右舍六、七個小孩，個個打著赤腳，坐在客廳地板上，其中有米勒家才十一個月大、還不會走路的琳達，也包著尿布把兩隻手舉來舉去，咯咯咯笑個不停。

這孩子在做什麼呢？

在瑪麗的四個孩子當中，小鄧肯是最特殊的一個。1877年5月，瑪麗在美國舊金山生下小鄧肯不久，丈夫就離她而去。

　　為了撫養兩男兩女四個孩子，瑪麗受盡了辛苦。因為付不起房租，他們只能不停的搬家流浪，並長時間在外面賒帳。

　　有些商店的老闆，看他們可憐，不忍拒絕，但是有更多店家，把他們列為拒絕往來戶。不過奇怪的是，每回只要小鄧肯出馬，不知道她用什麼法子，總不會空手回來。所以雖然是家中最小的孩子，但哥哥和姐姐都稱她是鄧肯家的「外交大臣」。

　　聖誕節前不久，有一天小鄧肯從學校回來，跟媽媽說：「我從明天開始，不用再去上學了。」

　　瑪麗大吃一驚，追問原因，小鄧肯才告訴她，自己已經被老

師取消學籍了：「因為我跟同學們說，根本沒有聖誕老人，都是一些有錢的爸媽，為了哄他們孩子高興而假裝出來的。老師要我道歉，可是，媽媽，我並沒有說錯啊，為什麼要道歉呢？所以老師一生氣就不讓我再去上學了。」

　　瑪麗一直都知道，由於家境貧困，小鄧肯在學校受盡了同學和老師的欺負。因此她聽完事情的原委之後，蹲下身摟著小女兒：「說真話最重要，妳不能靠不存在的聖誕老人給妳禮物和快樂，妳得靠

自己的努力才行。」

　　瑪麗看著小鄧肯的眼睛，鄭重的告訴她：「不上學，不代表我們就沒有學習的途徑。我們不但要繼續學習，而且還要學得更好。」

　　離開學校，小鄧肯才開始接受真正的教育。會彈琴的媽媽，每天晚上彈貝多芬、莫札特、蕭邦和舒曼的曲子給她聽；也朗誦莎士比亞、雪萊、濟慈和拜倫這些詩人優美的作品。小鄧肯就在這樣的潛移默化中，學會怎麼樣欣賞美好的事物。

　　白天當別的小孩上學時，小鄧肯就上圖書館。在那裡，她閱讀荷馬、狄更斯這些文學大家的著作。不過，她最喜歡的，還是美國詩人惠特曼充滿個性和自由色彩的詩歌，深深打動她幼小的心靈。像是：「我健康，我自由，整個世界在我面前展開，漫長的黃土道路，可以帶領我到想去的地方。」

　　在求知的過程中，小鄧肯得到無限的滿足。她開始覺得並不需向外追求幸福，因為自己就是幸福。

　　「伊莎朵拉，妳在做什麼呀？」瑪麗看了半天，看不出所以然，最後忍不住問。

「媽媽，這是我的舞蹈學校，我在教他們跳舞呢。」

「老天爺，她才九歲，就敢『成立』舞蹈學校，開始教舞，真是初生之犢不畏虎啊！」瑪麗把驚嘆留在心裡，對女兒說：「太好了，來，讓我幫你們伴奏吧。」她放下手邊的事，為女兒和她「舞蹈學校」的學生彈起琴來。

不久，附近真的有聞風而來的家長，把小孩送到他

們家來學舞。因為大家都是窮人，所以就用一些吃的、用的來充當學費。小鄧肯來者不拒，她很高興能和大家一起開心的跳舞，而且同時還能多少幫媽媽一點忙。

小鄧肯喜歡跳舞，她最喜歡去海邊，把自己舞成起伏的海浪、舞成忽強忽弱的海風。舞蹈讓她幻化成海裡跳躍的魚、海邊柔軟的沙，和空中飛舞的鳥。

有一天在海邊，小鄧肯遇見一位婦人：「小妹妹，妳非常有天分，我願意免費讓妳去學跳舞。」原來，她是舊金山一家著名舞蹈學校的負責人。

　　小鄧肯非常高興，第二天就去了，那是一所芭蕾舞學校。當老師要求她踮起腳尖，從這頭走到那頭的時候，她居然拒絕了：「我是來學跳舞的。」芭蕾舞老師很不高興的說：「這就是跳芭蕾舞的基本舞步，妳得打好基礎，要不然怎麼往下學？」

　　小鄧肯搖搖頭：「這很醜，而且太不自然了，沒有人會這樣走路。如果這就是妳說的舞蹈，那我不要學。」說完，頭也不回的走了。

　　她沒有去芭蕾舞學校當學生，而是回家繼續做老師，小孩子都喜歡這個漂亮活潑的老師。小鄧肯從來不拒絕窮人家的孩子，也不管他們是不是能交學費，所以收入一直沒有起色，學校的經營也越來越困難了。

　　「媽媽，我們不能再待在舊金山了，否則將一事無成，我得出去闖一闖。」很難相信這句話出自一個才十三歲的孩子。

　　面對這個家中一向最有主見

的小孩，瑪麗只有苦笑的分。
她身上的錢只夠買兩張去芝
加哥的車票，所以把其他
三個孩子交給他們的爺
爺奶奶後，就帶著
小鄧肯去了
芝加哥。

因為跳舞，所以存在

　　鄧肯的心臟蹦蹦的跳著，她深深吸了一口氣，重心放到右腳掌心，閉上眼睛，頭向後方微微轉了四十五度。她知道這一次的表演很重要，因為坐在她面前的人，或許能帶給她舞蹈事業的轉機。他是當時在美國最有名的舞團經理戴利。

　　這一刻，往事歷歷在腦海浮現：

　　鄧肯還記得 1890 年的酷暑，跟媽媽來到芝加哥時，兩個人口袋裡只剩下二十五塊錢。幾個星期過去，鞋底都快磨穿了，還是

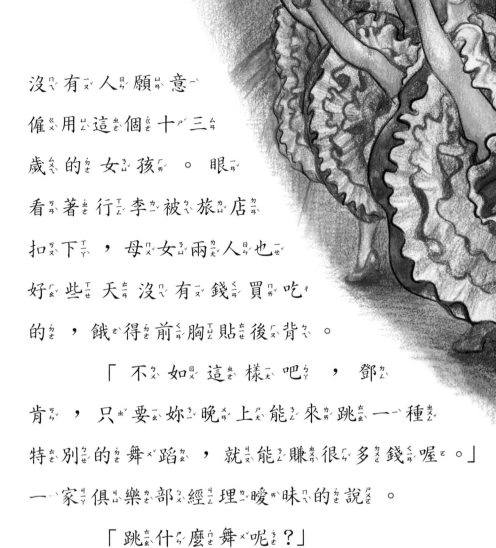

沒有人願意僱用這個十三歲的女孩。眼看著行李被旅店扣下，母女兩人也好些天沒有錢買吃的，餓得前胸貼後背。

「不如這樣吧，鄧肯，只要妳晚上能來跳一種特別的舞蹈，就能賺很多錢喔。」一家俱樂部經理曖昧的說。

「跳什麼舞呢？」

「隨便跳，但是要穿短短的裙子。跳的時候，腿像這樣抬高一點。」原來經理看上亭亭玉立，長相俊俏的鄧肯，要她為

醉翁之意不在酒的客人們，跳那種能讓他們眼光發直的大腿舞。十三歲在芝加哥的夏天，鄧肯被逼著早早步入成人的世界。

當時在芝加哥有一些藝術家和詩人組成的藝廊，他們不定期舉行詩會、畫會，以藝術會友，鄧肯偶爾也應邀演出。不過，這些藝術家自己也都是苦哈哈，所以在這樣的地方表演，並無法給鄧肯帶來足夠的收入。但是她一點也不在意，因為她覺得自己充滿自由精神的舞蹈，總算得到了真正藝術家的讚賞。

幾年下來，鄧肯慢慢在藝術界有了一點名氣。靠著朋友牽線，她終於見到了戴利。她要讓

戴利相信，自己那種靈魂和身體合而為一的舞蹈，可以彌補當時舞蹈界普遍缺乏的生命力。想到這裡，鄧肯甩甩頭，將自己從回憶中拉回現實，開始跳舞。

舞跳完，戴利答應和她簽約，讓她能夠離開芝加哥，去紐約——美國藝術界的領頭城市。

這張合約，是要鄧肯在一齣啞劇中扮演一個小配角，而且前六個星期是沒有薪水的試用期。

其實她打從心裡很討厭啞劇，覺得那些誇張的表情，和呆板生硬的動作，根本和她自由靈動的舞蹈互相牴觸。

但是這一切，鄧肯都咬牙吞進肚子裡，沒錢坐車，她就天天走路去劇院。熬過六個星期，沒有半途而廢，終於為自己爭取到一個星期二十五塊美元的報酬，全家人也得以在紐約相聚。一切似乎開始峰迴路轉。

可是偏偏戴利的劇團虧本。為了賺錢，他要求每個團員，尤其是正值青春年華，身材和面孔都漂亮的鄧肯，在舞臺上跳挑逗觀眾的大腿舞。她拒絕妥協，只好辭職。

形單影隻的鄧肯給自己打氣：「又只剩我自己一個人了，原來這世界沒有什麼是靠得住的，除了自己的意志和能力。」

雖然沒有舞臺和燈光，也沒有觀眾和掌聲，但是鄧肯比以前更勤奮的練舞，因為在內心深處她知道，自己跳舞不是為了金錢或名氣，舞蹈是流淌在她身體裡的血液，是她的生命，跳舞是她存在的理由。

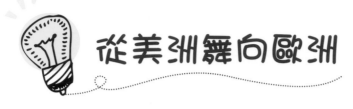

從美洲舞向歐洲

在紐約一座音樂廳的舞臺上，知名作曲家涅文正彈奏他特別為鄧肯譜的〈春天〉；而這個春天的主角，在聚光燈下，把自己舞成一株開花的樹、一灣激飛的泉水、一隻翔翔的白鴿，和一桿迎著春風的翠竹。

因為得到涅文的賞識，開始有一些「專家」和「權威人士」關注這個總是在舞臺上打著一雙赤腳，穿著寬鬆袍子，美得讓人眼睛一亮的舞者。儘管多數人都看不懂鄧肯那種與眾不同的舞蹈，但看在她這麼漂亮，跳得這

麼賣力的分上，他們也不吝嗇給予熱烈的掌聲。

掌聲熱烈卻很空虛，別人聽不出來，可是聽在鄧肯的耳裡，是再清楚不過了。雖然追逐她的目光很熱烈，但大家看到的，是她的美貌和身體，並不是她的舞蹈精神。

「如果連在紐約的行家都這麼膚淺的話，我看美國是待不下去了。」又一次，鄧肯對媽媽說。

瑪麗知道，女兒這樣講，並不是要問她的意見，而是告訴她，又是該離開的時候了。

不管是當年離開舊金山，還是後來離開芝加哥，或者現在離開美國，她的理由都是要找到能

欣賞、能看得懂她舞蹈精神的觀眾，那才是她舞蹈的「出路」。

「出路」一直在遠方召喚鄧肯，但是「貧窮」卻似乎永遠如影隨形。她一文不名的離開舊金山，一文不名的離開芝加哥，現在依然是一文不名。

儘管鄧肯也被邀請去有錢人家裡表演，但是得到的報酬常常連交通和吃飯都不夠。雖然如此，她還是賣力的跳，因為只有一直跳下去，才有可能遇見懂她舞蹈的知音。

為了買去歐洲的船票，鄧肯這個「外交大臣」，又得四處借貸。那些闊太太雖然請過她跳舞，但是未必肯大方的借錢給

她。有的還會說兩句諷刺的話，像是：「妳現在該後悔當初沒有學芭蕾舞了吧。」

東借西討，好不容易借到三百美元。哥哥雷蒙找到一艘運牲口的船，好說歹說，船長才答應把他們一家當成牲口，一起「順便」帶到英國去。

1899年到達倫敦的那天，剛好是鄧肯二十二歲的生日。一開始全家人在街上過著像遊民的日子，在公園的長凳子上過夜，還

得躲避警察的取締。後來，她在舊報紙上看到一張熟悉的面孔，那是一個曾在紐約請她去家裡跳舞的貴婦人。

「機會來了。」鄧肯握緊拳頭。

鄧肯找到這個貴婦人的家，幸運的是她還記得這個漂亮的跳舞女孩，而且表現得十分友好，預付了十英鎊，請她週末來表演。「外交大臣」又一次達成使命，解了全家的燃眉之急。

那個週末，鄧肯全家出動。她要跳〈春天〉，媽媽彈琴，姐姐伊麗莎白朗誦，哥哥雷蒙負責在演出前做一個簡短的介紹。那一天，英國皇太子威爾斯親王也

來了。鄧肯一跳成名，又開始能夠出入名流社會表演了。

這些名流儘管舉止彬彬有禮，但是也非常小氣。有一次，她跳了一整天，居然沒有拿到一分錢，連飯都沒得吃。雖然鄧肯曾經得到英國皇室的接見和讚賞，也透過重要人士的引介，認識了一大批有卓越藝術品味的詩人和畫家；但是這樣的「成功」，其實很虛幻。

現實生活中的劇場經理們，都對她的表演興趣缺缺，他們說：「跳芭蕾舞的話，還勉強可以考慮，畢竟誰會要花錢來看妳這種光著腳，沒有漂亮服裝布景，甚至連故事都沒有的舞蹈呢？」

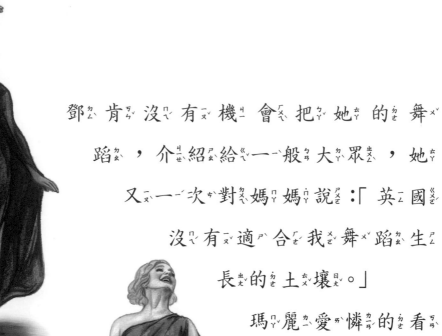

鄧肯沒有機會把她的舞蹈，介紹給一般大眾，她又一次對媽媽說：「英國沒有適合我舞蹈生長的土壤。」

瑪麗愛憐的看著小女兒：「那麼，哪裡才有呢？」

「我得到巴黎去才行，那裡是歐洲的藝術之都，會有人懂我的。」她斬釘截鐵的說。

紅色的舞衣

「女神！女神！伊莎朵拉·鄧肯，女神！」

這裡是匈牙利的首都布達佩斯，年輕的群眾在她的旅館外面瘋狂嘶吼。這一切發生得好突然，鄧肯面對突如其來的成功，有點不知所措。

她還記得 1900 年剛從倫敦到巴黎的時候，一頭鑽進了羅浮宮，也到聖母院和凱旋門去看那些精美的雕像，還拜訪了創作〈沉思者〉的大雕刻家羅丹。她發現，靜止不動的雕像，其實都是蓄勢待發、充滿活力的舞蹈姿

勢。於是她開始把這些藝術作品的精神，不管是雕塑、繪畫，甚至詩歌，和舞蹈融會貫通結合在一起。

鄧肯也從希臘的藝術中取得靈感，復活了希臘舞蹈：把雕像的動作化成舞姿，將希臘人身上寬鬆飄逸的圖尼克式服裝變成舞衣。這樣的探索和嘗試，終於引起了注意。

鄧肯二十五歲那年，有一位布達佩斯的劇場經理，一口氣和她簽了三十場演出的合約，她終於第一次有機會在劇場為一般觀眾跳舞，結果場場爆滿。她那無拘無束的肢體，和充滿渴望與奔放的舞蹈，配上從市集中找來的吉普賽音樂，讓整個布達佩斯為鄧肯沸騰。

那一襲紅色的舞衣，也成為她最鮮明的標記。紅色確實是最能代表鄧肯的顏色：紅色的熱情、任性、勇往直前，和堅持到底。

但是在歐洲巡迴演出的時候，依舊不停有人挑戰她：「她身上穿的是什麼啊？」

「真不害臊喔，穿得那麼少，還是透明的。哎呀，都被人看光光了。」

無數人用批判、甚至有色的眼光，質疑特立獨行的鄧肯。

鄧肯在舞衣的設計上，一如她的舞蹈，掀起了一場革命。當時的婦女穿著保守，就算游泳，都得穿著全身包得緊緊的黑色泳衣。而勇於挑戰時代風氣的鄧肯，用一大塊中國綢緞絲巾做舞衣，露出大半個胸口，肩膀上只有一根細細的吊帶，裙子不長過膝蓋，赤裸著小腿，光著一雙腳，大膽的作風，不知道讓多少人的眼珠子都掉了出來。

除了演出，鄧肯還勤學德

文，讀叔本華和康德的哲學著作，聽貝多芬的音樂，這樣才能讓她的舞蹈「舞」之有「物」。

鄧肯的現代舞成了一股風潮，開始席捲歐洲大陸。在德國的慕尼黑，青年學生給了鄧肯最直接的讚賞。他們包圍她坐的馬車；把她抬起來，拋向空中；

在她旅館的窗下唱歌；爭搶她扔下的手帕和花朵。整個慕尼黑為她瘋狂，甚至稱她為「上帝」。

從法國到匈牙利，再到德國，終於來到她心中的聖地希臘雅典。

神殿上，鄧肯忘情的跳躍旋轉，舉手投足間，她的心靈與自然水乳交融，與山河大地合而為一，經由舞蹈，她獲得了重生。

她熱切的想教會更多人來跳這種不做作的現代舞，把現代舞崇尚自由和自然的創新精神傳播出去。所以陸續在希臘、德國、美國開辦舞蹈學校，甚至在十月革命之後，去了一般西方人都不感興趣的俄國。別忘了，她可是

九歲就開始教舞的鄧肯喔！

終於有了名氣，有了表演的舞臺，有追捧的粉絲，有傳承的學校。但是從貧窮出身的鄧肯，永遠站在弱勢的一邊，她的舞蹈和學校，從來就不是為了賺錢而存在。

沒有錢的孩子來學舞，交不出學費、沒有飯吃、生病了，全靠她去張羅。到最後，這樣的名

聲傳出去，讓鄧肯的舞蹈學校成了收容所，很多家長都把他們生病的、吃不飽的孩子帶來。而以前被人譏笑為「瘋女人」的鄧肯，也開始被大家稱為「聖女」。

　　經過多年的奮鬥和努力，人們終於開始記住伊莎朵拉・鄧肯的名字，也終於能夠正視她的現代舞。她的身材嬌小，但是創造力豐沛，這讓她像個巨人般，在短短五十年的生命中，跳出一條前人從未探索過的舞蹈之路，被後人稱為「現代舞創始人」。

　　不管是當年在舊金山中國城的街角起舞，還是後來在芝加哥的俱樂部、紐約的劇場，或者置身藝術家們的聚會，甚至最後跳上世界矚目的大舞臺，鄧肯願意為所有想看她跳舞的觀眾──不分貴賤、老少、男女而舞。因為開創一種前所未見的舞蹈，一種能夠真實抒發情感，從自然中流

露真性情的舞蹈，是鄧肯一生奮鬥的目標。

　　鄧肯是勇敢的，因為很少人敢發出不同於多數人意見的聲音。不僅說「芭蕾舞太做作」，而且還敢穿著寬鬆的舞衣、光著一雙腳站上舞臺。在芭蕾舞當道的年代，她的這種突破，確實需要極大的勇氣。

　　鄧肯更是幸運的，因為很少人能夠在那麼小的年紀，就明確知道自己的興趣所在。而且還有一個相信她的能力，無條件支持她行動的母親；從沒有因為她年紀小，就否定她想做的事情。最後也因為她鍥而不捨的努力，帶來了成功。

年僅五十歲的鄧肯，早在1927年就步下了人生舞臺。但全世界，至今仍有無數認同她信念的舞者，繼續跟隨著她的腳步，在舞臺上不停的旋轉、跳躍。

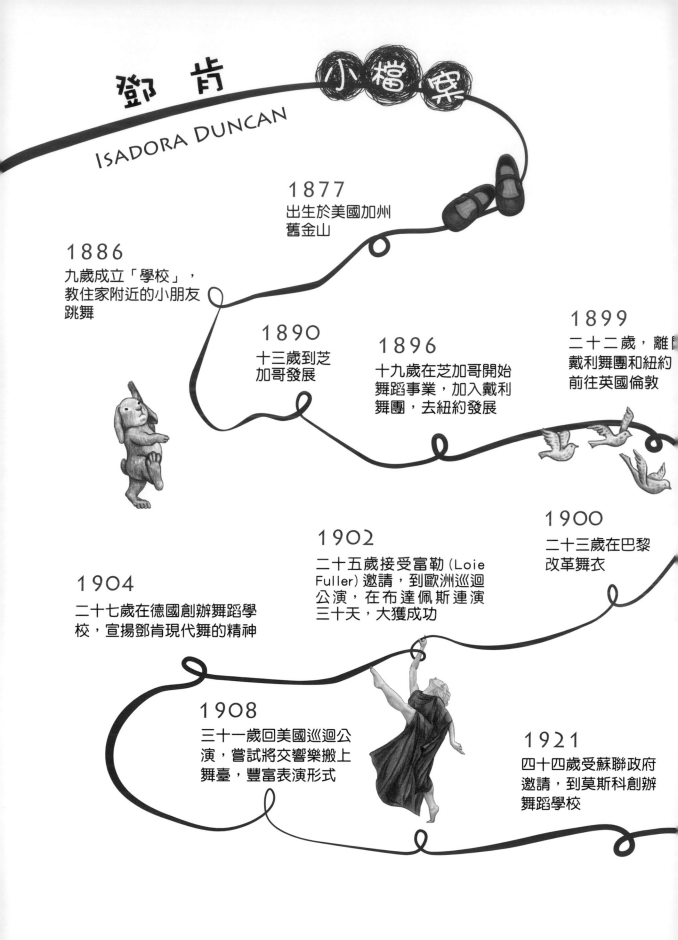

鄧 肯 小檔案

ISADORA DUNCAN

1877
出生於美國加州
舊金山

1886
九歲成立「學校」，
教住家附近的小朋友
跳舞

1890
十三歲到芝
加哥發展

1896
十九歲在芝加哥開始
舞蹈事業，加入戴利
舞團，去紐約發展

1899
二十二歲，離
戴利舞團和紐約
前往英國倫敦

1900
二十三歲在巴黎
改革舞衣

1902
二十五歲接受富勒 (Loie
Fuller) 邀請，到歐洲巡迴
公演，在布達佩斯連演
三十天，大獲成功

1904
二十七歲在德國創辦舞蹈學
校，宣揚鄧肯現代舞的精神

1908
三十一歲回美國巡迴公
演，嘗試將交響樂搬上
舞臺，豐富表演形式

1921
四十四歲受蘇聯政府
邀請，到莫斯科創辦
舞蹈學校

寫書的人

李民安

　　對三民的小讀者來說，李民安是一個熟悉的名字。她一路在三民出版了《解剖大偵探：柯南・道爾 vs. 福爾摩斯》、《石頭不見了》、《銀毛與斑斑》、《灰姑娘鞋店》、《佛陀小檔案：釋迦牟尼的故事》、《尋佛啟示：釋迦牟尼》、《新政先生：富蘭克林・羅斯福》、《可可・香奈兒》、《柴契爾夫人》、《高第》等十本童書。洗練的文字和生動的情節，都是小讀者們的最愛。

畫畫的人

張天笙

　　生長於依山傍海的臺灣基隆，熱愛藝術和自然。國立高雄師範大學美術系畢業後，有八年時間投入於陶瓷精品、家居產品、以及花園裝飾的設計，同時也持續繪畫和木雕創作，實驗各種表現媒材；樂於在點滴瑣碎的生活中，點綴些夢與奇想，捕捉生命軌跡。

　　作品網址：harechang.wordpress.com

1922－1923
四十五歲和四十六歲，最後一次到美國巡迴演出

1927
五十歲在法國，
因行車意外身亡

創意 MAKER

創意驚奇雲

飛越地平線，
在雲的另一端，

創意 x 無限

撥開朵朵白雲，你會看見一道亮光……

 是 **創意 MAKER** 的燈泡亮了！

跟著它們一起，向著光飛翔，由它們指引你未來的方向：

（請依直覺選擇最具創意的顏色）

選 的你

請跟著畢卡索、艾雪、安迪·沃荷、手塚治虫、鄧肯、凱迪克、布列松、達利，在各種藝術領域上大展創意。

選 的你

請跟著盛田昭夫、7-Eleven創辦家族、大衛·奧格威、密爾頓·赫爾希，想像引領創新企業的挑戰。

選 的你

請跟著高第、樂高父子、喬治·伊士曼、史蒂文生、李維·史特勞斯，體驗創意新設計的樂趣。

選 的你

請跟著麥克沃特兄弟、格林兄弟、法布爾，將創思奇想記錄下來，寫出你創意滿滿的故事。

本系列特色：

1. 精選東西方人物，一網打盡全球創意 MAKER。
2. 國內外得獎作者、繪者大集合，聯手打造創意故事。
3. 驚奇的情節，精美的插圖，加上高質感印刷，保證物超所值！

還有！還有！

內附注音，小朋友也能「自·己·讀」！
創意 MAKER 是小朋友的必備創意讀物，
培養孩子創意的最佳選擇！